CONSIDÉRATIONS

SUR

LA GUERRE D'ESPAGNE

EN 1823;

PAR M. DU PARC-LOCMARIA.

A PARIS,

CHEZ

DENTU, Libraire, au Palais-Royal, galerie de bois, N.os 265-266;

DELAUNAY, Libraire, au Palais-Royal, galerie de bois, N.os 243-244;

MIGNERET, Imp.-Libraire, rue du Dragon, N.º 20, faubourg Saint-Germain;

1823.

CHAPITRE PREMIER.

De la révolution d'Espagne.

On a beaucoup écrit que la révolution d'Espagne s'était opérée par la volonté du peuple. Tant que cette erreur n'a été soutenue que par les feuilles de l'opposition, il était permis de n'y trouver qu'un effet ordinaire du gouvernement représentatif, qui permet aux adversaires de l'administration d'employer pour la combattre toutes les armes qu'ils supposent devoir être utiles à leur système. Mais depuis que des hommes d'état, dans un royaume voisin, ont accrédité ce paradoxe par leur opinion et leurs propres discours, il a pris un caractère de gravité qui semble autoriser les amis de l'ordre et de la vérité à le réfuter sérieusement. L'Espagne, en 1814, pouvait désirer une constitution : six années de malheurs avaient sans doute acquis au peuple le droit de travailler lui-même à les réparer. Mais au moment du retour de son prince, de ce même Ferdinand si cher à son amour, il ne songea qu'à jouir de son bonheur, et la nation en masse se reposa sur son Roi du soin de le lui conserver. Le monarque aurait dû peut-être se défier de cet enthousiasme ; il aurait dû songer au contact de la France, toujours si influente sur la destinée de ses voisins, et penser que le tableau séduisant de nos institutions, le spectacle toujours présent de notre liberté naissante, donnerait nécessairement à son peuple le désir de la partager.

Les anciennes Chartes du royaume, sagement combinées entre elles et modifiées par l'expérience (1), eussent offert le canevas

---

(1) A l'avènement de Charles IV au trône, plusieurs Députés des provinces réunis à Madrid pour proclamer le nouveau Roi, séduits par les idées d'indépendance qui commençaient à se répandre en France, manifestèrent hautement le désir de rétablir les Cortès ; un habile Ministre, le comte de Florida Blanca, parvint à les en détourner. Les anciennes députations nationales, autrefois si puissantes en Espagne, ne pourraient, sans danger, être rétablies dans toute leur force. A une époque où la personne du Monarque était sacrée pour tous, où le respect dû au trône était une croyance religieuse, où les empires avaient plus à redouter le despotisme des Princes, que les excès de la démocratie, il était juste et sage de fortifier le pouvoir populaire : aujourd'hui

d'une constitution appropriée aux mœurs du pays, et le monarque, par cette concession, déconcertait les ambitieux en leur retirant le seul prétexte dont ils pussent appuyer leurs projets. Mais trompé par les conseils de ces mêmes hommes qui depuis ont soutenu la révolte et trahi la cause du trône, il reprit le pouvoir où il l'avait laissé ; héritier de Ferdinand VI et de Charles III, il crut trouver en lui-même les moyens de les imiter : ses espérances furent déçues. En vain ordonna-t-il une juste répartition de l'impôt, en vain de sages ordonnances firent-elles éclater la pureté de ses intentions ! quoique unanime dans ses sentimens pour son prince, l'Espagne alors était difficile à gouverner. A peine sortie d'une lutte pénible, encore sanglante des plaies d'une guerre de six années, appauvrie et ravagée par d'avides conquérans, agitée par une population toute militaire, qui venait de con-

---

l'inviolabilité des Rois n'est plus qu'une opinion politique, elle est encore écrite dans les constitutions, elle ne l'est plus dans le cœur des hommes. Aujourd'hui Charles I.ᵉʳ et Louis XVI sont morts sur l'échafaud ; que l'histoire de ces royales victimes nous apprenne du moins à rendre les peuples assez libres pour être heureux, pas assez pour devenir coupables.

tracter l'habitude d'une noble activité, elle éprouvait cette impatience inquiète, bien naturelle à un peuple long-temps malheureux. La paix et le retour d'un monarque adoré semblaient devoir réparer toutes les pertes, consoler toutes les infortunes, rendre à la nation son rang et son ancienne félicité ; mais ceux qui se berçaient de ces douces illusions fermaient sans doute les yeux sur le triste état de leur patrie ; une expérience funeste vint bientôt les détromper, et leur montrer que l'usurpation laisse toujours, après elle, des traces que le temps seul peut effacer. Des mesures sévères, quelques exécutions qui portèrent sur des généraux, coupables sans doute, mais recommandables par leurs services, la disgrâce d'un parti dépopularisé, mais dangereux encore par les places qu'il avait occupées, par ses lumières, par ses relations et par cet intérêt qui, à la longue, finit toujours par s'attacher aux proscrits ; l'éloignement des affaires publiques et l'exil volontaire des partisans de la nouvelle constitution, les efforts des insurgés d'Amérique, presque partout couronnés du succès ; l'obligation de préparer un grand armement pour rétablir la puissance de la métropole, et de soutenir ainsi une nouvelle guerre au moment où l'Espagne avait besoin de paix et d'économie : toutes ces circonstances tendaient à indisposer contre le pouvoir, quel qu'il fût, et préparaient par degrés une révolution dans le système du gouvernement. Toutefois la nouvelle constitution des Cortès, à laquelle le monarque avait refusé de souscrire, n'était nullement le but que se serait proposé la partie éclairée de la nation. Elle savait qu'un peuple qui s'était battu au nom de la religion et de Ferdinand, ne se révolterait jamais en faveur d'un code monstrueux qui enchaînait la royauté et diminuait l'influence des idées religieuses. Elle savait que la population des campagnes surtout, moins exposée que celle des villes, à la contagion des idées nouvelles, n'accueillerait jamais la liberté qu'au cri de Vive le Roi, et tout en désirant un changement, elle préférait l'attendre du temps, de l'expérience et de la volonté du monarque, que de le devoir à la révolte et à la contrainte; ses vœux ne furent point remplis. Une expédition contre les insurgés de l'Amérique était devenue indispensable, une grande réunion de troupes fut appelée à y concourir; des chefs audacieux, des soldats mécontens et unanimes dans leur répugnance pour une guerre lointaine, évoquèrent alors l'ombre des Porlier et des Lascy, et fondèrent la liberté de leur pays sur le parjure et la rébellion. Une constitution qui eût laissé au prince la place qu'il doit occuper dans une monarchie ne pouvait convenir à des hommes qui venaient d'encourir la peine capitale; il fallait s'assurer dans l'avenir la certitude de l'impunité; il fallait régner ou périr, et dans cette alternative la constitution des Cortès servait merveilleusement leur intérêt. Une république franchement instituée eût mieux exprimé sans doute le vœu de ces hardis réformateurs, mais ces hommes trop passionnés pour apercevoir au-delà des Pyrénées les vastes conséquences de leur entreprise, sentirent du moins que le nom du Roi était utile à leur cause, et que la sanction du prince pouvait seule entraîner celle du peuple. La constitution des Cortès était prête, c'était un mot de ralliement; ils la proclament, séduisent l'armée par de vaines promesses, organisent une opposition menaçante pour effrayer Ferdinand, qui, après s'être livré à Napoléon pour épargner à son peuple la guerre étrangère, se livre à la révolution pour éviter la guerre civile. Surpris alors par un événement si nouveau pour lui, trompé par les assurances mensongères d'un avenir plus heureux, entraîné par l'exemple du monarque, le peuple obéit à l'impulsion qui venait du trône, laissa faire la révolution, mais ne la fit pas. Disons-le d'après les faits, parlons d'avance comme parlera l'histoire, l'établissement de la constitution des Cortès en 1820 fut une entreprise militaire couronnée d'un succès momentané. L'Europe un moment indécise, un moment arrêtée par des considérations d'une haute importance, peut aujourd'hui juger l'œuvre de la rébellion par les fruits qu'elle a portés. Un vaste empire perdu pour l'Espagne, cette terre de la fidélité en proie à l'anarchie et à la guerre civile, un Roi prisonnier dans son palais, un prince, frère du monarque, condamné à la peine des malfaiteurs, des prêtres errans et fugitifs, la justice méconnue, le sillon du laboureur transformé en champ de bataille, le despotisme militaire disposant à son gré de la vie et de la fortune des citoyens : tel est l'effrayant tableau de misère et de crimes que le peuple de Charles-Quint présente aujourd'hui au monde, naguère admirateur de sa gloire et de ses vertus. Non, l'évènement qui a attiré sur l'Espagne ces maux inévitables ne saurait être son ouvrage. Le bonheur est le but vers lequel un penchant naturel dirige toutes les pensées de l'homme, et les sociétés, comme les individus, avant tout veulent être heureuses; tout ce qui peut les empêcher de le devenir est nécessairement contraire à leur vœu le plus cher. Or, comme l'ordre et la justice sont deux conditions essentielles au bonheur, une constitution qui ne pourrait enfanter que l'anarchie et la licence, ne serait jamais raisonnablement considérée comme la véritable expression de la volonté des peuples. La nation espagnole n'a donc pu vouloir le code informe des Cortès, et il suffit de jeter un regard sur la péninsule, pour s'assurer qu'elle ne l'a pas voulu. Contemplons un moment le douloureux spectacle de ses divisions intestines. D'un côté, sans doute, sont les troupes de ligne intéressées à maintenir leur ouvrage et à prévenir le retour de l'ordre qu'elles ont méconnu; les miliciens égarés par des discours et des feuilles incendiaires; la populace des grandes villes plus portée encore à la licence parce qu'elle est plus que dans tout autre pays disposée à l'oisiveté et à la paresse; dans l'autre parti, figurent avec honneur l'habitant des campagnes, l'agriculteur laborieux et fidèle, le citoyen religieux exaspéré d'un ordre de choses qui tend à ruiner et à démoraliser la nation; enfin, des officiers couverts de blessures, distingués par leurs services, étrangers au parjure, heureux dépositaires de la gloire militaire de leur patrie. Je le demande, entre ces deux partis qui divisent l'Espagne, où est le peuple? Et si le gouvernement des Cortès s'appuie en effet sur la volonté nationale, comment se fait-il que, maître du pouvoir et de l'armée, disposant à son gré de la parole et de la signature du prince, secondé par des milliers d'agens et de fonctionnaires dévoués, comment se fait-il qu'impuissant pour le bien, en proie à l'incertitude et à la crainte, il se voie pour ainsi dire assiégé dans Madrid au moment où il ressaisit les forts abandonnés de la Seu-d'Urgel? Avouons-le franchement, la force d'opposition que rencontre aujourd'hui cette assemblée souveraine, malgré les immenses moyens dont elle dispose, nous montre évidemment que le peuple espagnol, uni d'intérêts avec son prince, s'est placé du côté où nous verrions le monarque lui-même s'il était encore maître de faire du choix. En vain opposerait-on à ces argumens l'unanimité qui a présidé aux dernières résolutions des Cortès : comme il n'existe d'élections libres et valables que dans un pays où la justice est en honneur, où les lois sont respectées, il suit nécessairement de cette vérité que l'Espagne en révolution n'est pas vraiment représentée. Les membres des Cortès ne sont que les interprètes d'une opinion; on y compte, à la vérité, quelques hommes sages et modérés ; mais qui ne connaît dans une réunion pareille l'influence des tribunes, de l'amour-propre et de la peur? Et lorsqu'il s'est trouvé dans la Convention une majorité pour condamner le plus vertueux des Rois, doit-on s'étonner qu'au milieu d'une populace ardente et exaltée par les passions, les Cortès se soient montrées unanimes pour le maintien de leur ouvrage et de leur autorité? D'autres scènes se préparent sans doute, l'éloquence révolutionnaire est féconde et véhémente. Semblables aux orateurs d'Athènes excitant à la guerre contre Philippe, tant que le danger sera éloigné, nos modernes républicains tonneront du haut de la tribune contre les Français et leur auguste Prince ; mais toute cette énergie s'épuisera en vaines paroles. Les assemblées démocratiques de notre siècle ont fait leurs preuves, et les partis qui les soutiennent savent désormais quels exemples ils en doivent espérer. Les Sénateurs romains, inutiles à la défense de leur patrie, attendirent les Gaulois et la mort sur le seuil du temple des lois; mais ces illustres citoyens étaient pauvres, vertueux, ils croyaient à une vie à venir; aujourd'hui des intérêts positifs ont remplacé les anciennes croyances, aujourd'hui nous savons qu'*il n'y a que les morts qui ne reviennent point.* Les idées nobles, les sentimens généreux ne sont plus que du *donquichotisme;* nous sommes riches, nous voulons jouir et conserver. Nos députés du champ-de-mai, au bruit du canon, mais hors de la portée du boulet, parlaient aussi d'imiter les Romains : deux jours après, les chaises curules de nos législateurs, transformées en chaises de poste, emportaient loin du danger les pères conscripts des cent-jours.

CHAPITRE II.

De l'influence de la révolution d'Espagne sur l'Europe et la France en particulier.

DES gens qui, préoccupés de l'idée qui les domine, n'ont rien vu de ce qui s'est passé autour d'eux, conviennent que l'Espagne est malheureuse, mais nous demandent gravement pourquoi nous nous mêlons de ses affaires; pourquoi nous nous inquiétons d'un désordre qui ne peut troubler notre repos ni influer sur nos belles destinées ? Les insensés ! qu'ils ouvrent les yeux, et après s'être arrêtés sur la série de maux qu'il a attirés sur nos voisins, qu'ils examinent l'effet qu'a produit sur l'Europe cet évènement si indifférent en soi. A peine la république déguisée a-t-elle été proclamée en Espagne, que les mécontens de tous les pays l'ont saluée de leurs acclamations. Naples, frappée de vertige, se lève la première, et sur la foi de son aînée accepte avec transport une constitution qu'elle n'a pas lue. Le Piémont électrisé se laisse entraîner à ce torrent rapide, et une portion de son armée se rallie aux législateurs de l'île de Léon. L'Italie, semblable à une mer orageuse, et voisine d'un volcan, fait entendre un bruit sourd précurseur des tempêtes; la Grèce, si malheureuse et si intéressante, pousse un cri de liberté, et par son entreprise à-la-fois noble et funeste, jette un brandon de discorde au milieu de l'Europe assemblée. L'Angleterre, l'Allemagne, la Prusse sur-tout, éprouvent le contre-coup de cette grande commotion, et la France, malgré ses institutions et sa douloureuse expérience voit éclater dans son sein plusieurs conspirations militaires toutes calquées sur le même modèle. Ah ! si nous n'avons pas vu cette révolution troubler d'une manière plus cruelle encore le repos de notre belle patrie, rendons-en grâce à la fermeté de nos magistrats, à la sagesse du Monarque qui, après avoir choisi un Ministère ferme et soutenu par l'opinion, a placé, entre l'anarchie qui dévore l'Espagne, et l'ordre légal qu'il a rendu à son royaume, un mur de fer contre lequel sont venus se briser les traits impuissans de la révolte et de la séduction. Mais fallait-il prolonger indéfiniment sur le sommet des Pyrénées cette station déjà si longue d'une grande force militaire exposée pendant la paix aux intempéries des saisons, à l'ennui d'un service pénible et décourageant ; fallait-il perpétuer ces mesures défensives , désavantageuses au commerce , onéreuses pour le pays, ou par une négligence coupable , devait-on laisser le champ libre aux communications toujours si actives des révolutionnaires des deux royaumes , et abandonner ainsi nos provinces méridionales aux excursions des partis espagnols qui , vainqueurs et vaincus, seraient venus sans cesse dévaster et ensanglanter le sol français? Non , sans doute, et pour sortir de cette alternative pénible, les Ministres ont dû choisir les seules voies qui fussent dignes d'une grande nation. Modérée parce qu'elle est forte et courageuse , amie de la paix parce qu'elle n'a plus rien à acquérir par les armes, la France a épuisé tous les moyens de conciliation, et à ses offres de médiation et d'alliance, à cette longanimité que les Cortès ont pris pour de la faiblesse , leur digne Ministre n'a répondu que par des conditions humiliantes qui ne laissaient plus même à la France le droit d'une juste défensive. Étrange erreur ! folle présomption ! qui ne serait que ridicule , si les parades révolutionnaires n'avaient pas toujours un côté féroce qui annonce du sang et qui promet des victimes. Dans cette situation, dans cette conjoncture nouvelle, que devait faire un Monarque Bourbon et Français? Ici, c'est à l'honneur national, aux ames généreuses et désintéressées, aux cœurs vraiment français que je soumets cette cause toute française, puisqu'il s'agit de gloire et de générosité. Oui, la guerre est un fléau destructeur, et c'est à nous surtout, commerçans ou propriétaires, toujours victimes des dissentions politiques, c'est à nous qu'il appartient de sentir et de louer les avantages de la paix, bien plus qu'à ces philantropes d'un jour, généraux, diplomates ou fournisseurs d'armée, qui, après avoir amassé des millions aux dépens des peuples, viennent aujourd'hui s'appitoyer sur leur sort, et déclamer contre la guerre, à laquelle ils doivent leur élévation et leur immense fortune. Oui, la guerre est subversive du bonheur des nations; malheur à l'homme d'état qui pourrait oublier ce principe conservateur! Mais malheur aussi à celui qui par son imprévoyance ne sait pas lire dans l'avenir les maux certains et incalculables qu'un faux état de paix doit nécessairement enfanter!

« Vous êtes Bourbon , disait à Charles IV le prince de la Paix : un Bourbon, une tête couronnée vient de périr sur l'échafaud ; votre honneur, celui de votre peuple vous crient vengeance et vous commandent la guerre , mais c'est un fléau destructeur de la prospérité des états; vous êtes le père des Espagnols, préférez leur bonheur à leur dignité , faites la paix avec la France; c'est peu, donnez-lui des gages de votre sincérité, alliez-vous à la république, faites cause commune avec elle... » Ici je m'arrête, la révolution française a suivi son cours obligé. Que les négocians, que les propriétaires espagnols nous disent aujourd'hui quel parti il fallait prendre dans leur intérêt véritable , et si l'homme qui parlait alors de paix quand il ne fallait songer qu'à la conquérir par les armes , n'est pas considéré par eux comme leur plus grand ennemi.

CHAPITRE III.

Des dangers de l'intervention par rapport à l'Espagne.

Un personnage éminent, dont l'opinion dans cette circonstance a quelque chose d'imposant, justement pénétré des suites inévitables de l'invasion de 1808, a osé faire un rapprochement entre deux événemens tout différens, et en déduire les mêmes conséquences. Insigne méprise! et qui paraîtrait inconcevable de la part d'un esprit aussi élevé, si aujourd'hui tout ne s'expliquait par ces paroles : j'étais au pouvoir et je n'y suis plus. En 1808, de quoi s'agissait-il? Un monarque guerrier, d'une ambition démesurée, d'un génie remuant et audacieux, ennemi de tous les rois parce qu'il est né soldat, ennemi de tous les peuples parce qu'il est despote et conquérant; après avoir dévasté l'Europe entière, jalouse de sa puissance et irritée de ses succès, tourne enfin ses armes contre sa fidèle alliée, et, par cette œuvre d'iniquité, prépare ainsi la guerre générale, qu'un premier revers doit nécessairement lui attirer. En 1823, un prince, ami des souverains parce que ses intérêts sont les leurs, ami des peuples parce qu'il est pacifique et législateur, soutenu par l'Europe entière confiante en ses hautes vertus, appelé par la grande majorité des Espagnols impatiens d'un joug odieux, Louis XVIII, enfin, prend les armes au nom des principes conservateurs des sociétés. Quelle différence dans le caractère des deux souverains, dans leur plan, dans leurs intérêts ; quelle différence dans leur conduite et dans leurs moyens! Napoléon, soigneux de cacher ses projets, enveloppe ses démarches dans les replis de la plus insidieuse politique, pénètre en Espagne sous le vain prétexte d'une guerre avec le Portugal, s'empare par une honteuse supercherie de quatre grandes places fortes, introduit ses armées dans la capitale, maîtrise une junte désormais impuissante pour lui résister, et après l'avoir constamment trompée par ses vaines déclarations, déroule enfin aux regards du monde surpris les chaînes de fer qu'il destine à sa trop crédule alliée. Louis, au contraire, du haut de son trône constitutionnel, entouré des dignes représentans d'une nation dont il s'est acquis la confiance, manifeste à la face du monde entier ses principes et ses projets. Ici, rien de caché, rien qui ne soit dicté par la plus noble franchise, rien qui n'annonce une cause avouée de la justice et de l'humanité. Le but de l'entreprise, le nombre des troupes, le nom du général, le jour de l'exécution, tout est rendu public au même moment, et la sincérité de la déclaration est un garant de plus de la loyauté qui doit présider aux événemens qui vont la suivre. Louis ne veut que la paix, il s'engage solennellement à ne s'armer que pour la conquérir. On sent qu'une semblable promesse dans la bouche d'un tel prince, a quelque chose d'imposant et de sacré qui persuade tous les cœurs et qui n'y laisse plus de place à la méfiance. Ah! si le peuple espagnol, uni d'intérêts et de sentimens, heureux sous un nouveau règne déjà fécond en bienfaits, prévenu contre un conquérant pour qui la terre semblait trop petite, si ce peuple généreux et patient a attendu pour éclater que son roi lui fût ravi, que ses villes fussent saccagées, ses temples profanés, ses plus vertueux citoyens, ses plus braves soldats attirés et retenus hors de leur patrie, que l'illustre coupable auquel il attribuait ses malheurs, fût enlevé à l'action de la justice (1); quelle conduite pense-t-on qu'il tiendra vis-à-vis d'un Bourbon naguère proscrit, naguère malheureux, qui vient en invoquant le Dieu de saint Louis, rendre à l'Espagne ses principes religieux, au monarque son pouvoir et sa dignité, au peuple une liberté sage que des conseils trop justifiés et appuyés désormais du droit sacré de la reconnaissance sauront sans doute lui procurer ?

Orateurs de mauvaise foi, qui nous menacez aujourd'hui des maux que vous nous souhaitez sans doute, vous qui nous annoncez avec tant d'assurance la réunion contre les Français des deux opinions qui divisent l'Espagne, descendez dans votre propre cœur et vous y verrez que les haines politiques sont les plus irréconciliables. Consultez l'histoire des dissentions civiles des républiques et des monarchies, vous y verrez partout les partis en présence réclamer pour assurer le triomphe de leur cause, l'appui de leurs plus terribles ennemis.

Non, les Espagnols en proie à la guerre

----

(1) Don Manuel Godoy.

intestine ne se réuniront pas contre les Français; trop de sang a coulé, trop d'intérêts les séparent, la constitution des Cortès a produit des fruits trop amers. La partie saine et amie de l'ordre dans la nation attend avec trop d'impatience des libérateurs qui justifieront sa confiance par leur conduite et leur noble discipline. Conseiller de Napoléon, vous avez rempli le devoir d'un ministre éclairé, en cherchant à le retenir sur le bord d'un abîme où votre prudence avait su pénétrer; vous aviez raison de lui retracer les grandes catastrophes des conquérans, vous deviez lui dire en 1808 : « Xercès, poussé du démon des conquêtes et rebelle aux avis d'Artabane, osa souiller de ses innombrables armées la terre des Grecs qu'il méprisait. Il en recueillit cette terrible leçon, qu'un peuple, unanime dans ses sentimens, fier de son indépendance et de ses lois, ne peut être ni dompté ni soumis. » Mais aujourd'hui, tirant de deux événemens différens des conséquences différentes, si vous êtes sincère, dites à Louis XVIII, en ouvrant les annales de cette même Espagne, qui ne vous inspire plus qu'une coupable indifférence : « Las de la tyrannie de Pierre-le-Cruel, et touché des vertus de Henri, les Castilles ravagées par la guerre civile, tournèrent leurs regards vers la France. Charles V, que l'histoire a surnommé le Sage, envoya au parti persécuté ses meilleures troupes et son plus grand capitaine. Après des chances diverses, mais toujours honorables, Duguesclin, couvert de gloire et de lauriers, revint déposer aux pieds de son prince les bénédictions de l'Espagne pacifiée et reconnaissante. »

CHAPITRE IV.

Du danger de l'intervention par rapport à l'Angleterre.

Suivons sur un autre terrain nos adversaires qui cette fois vont nous présenter une objection plus spécieuse, en ce qu'ils auront pour la soutenir l'histoire que jusqu'à - présent nous avons invoquée à l'appui de nos argumens. Il est vrai que toutes les fois que la France a franchi les Pyrénées pour secourir ou pour opprimer les Espagnols, elle a trouvé l'Angleterre en armes et toujours prête à s'opposer à ses entreprises. Il serait facile, sans doute, de prouver que l'intérêt de la Grande-Bretagne conduisit le Prince Edouard à Navarette, Milord Gallowai à Almanza, et le Duc de Wellington en Portugal, personne ne doute que ce puissant mobile n'a presque constamment dirigé les conseils du gouvernement anglais; il suffira donc, pour tranquilliser les esprits, de prouver que son intérêt qui jusqu'à ce jour lui a fait une loi d'intervenir

dans les affaires d'Espagne, aujourd'hui lui dé-
fend impérieusement d'y prendre part. En ne
souscrivant point aux principes qui ont pré-
valu dans le congrès de Vérone , le Ministère
anglais a puissamment contribué à égarer les
Cortès et leurs partisans. Une adhésion fran-
che aux déterminations de la Sainte Alliance
eût, sans doute , prévenu la guerre ; les révolutionnaires d'Espagne se sentant abandonnés à eux-mêmes , se voyant sans alliés et
sans espoir de s'en créer dans l'avenir, n'étant
point encore retenus par la solennité de leurs
déclarations , auraient fait des concessions , et
signé sous la garantie des grandes puissances,
une capitulation qui leur eût assuré l'oubli du
passé. Cet isolement que commandait à la
politique anglaise la perspective d'un traité
de commerce avantageux , n'aura eu pour les
Cortès d'autres résultats que de les pousser
plus sûrement vers l'abîme. Vainément un
Ministre a-t-il reconnu que le peuple Espagnol avait eu le droit de changer la forme
de son gouvernement ; ce principe qui a ré-
jouit et alarmé tant de gens est une consé-
quence toute naturelle de la révolution de
1688 ; mais si d'un côté le gouvernement
anglais, plein du souvenir de son origine , pro-

clame un dogme qu'il a dû invoquer pour
s'établir, de l'autre, son intérêt particulier,
comme gouvernement, le porte à appuyer de
ses vœux secrets une entreprise formée dans
l'intérêt de tous, et évidemment dirigée contre un principe subversif du repos des nations; de là, la neutralité de l'Angleterre.
Mais, jalouse de la gloire que la France doit
nécessairement acquérir dans cette lutte,
où elle va se montrer grande, généreuse,
désintéressée, digne de l'éclat de son rang et
de la pureté de sa cause, si cette puissance
s'abandonnait un moment au désir impru-
dent, d'agrandir le cercle d'une guerre qui
sans elle ne coûtera que peu de sang et de
larmes, que d'intérêts, que d'importans mo-
tifs se présenteraient en foule pour l'arrêter.
Maintenir la prospérité de son commerce,
conserver ses immenses possessions éparses
dans les quatre parties du monde, tel est le
but que doit se proposer la Grande-Bretagne.
Si elle s'asociait au gouvernement révolutionnaire de Madrid contre la France et les trois
grandes Puissances du Nord, elle s'attirerait
une guerre ruineuse, et des malheurs peut-
être irréparables. Qui empêcherait les Mo-
narques de la Sainte Alliance, si loyalement

unis entr'eux, de faire revivre, et cela d'une manière plus efficace, en ce que la mesure serait volontaire, ce projet de blocus continental, vaste conception d'un homme qui s'entendait à nuire à ses ennemis ? Qui empêcherait une armée Prussienne de s'emparer du Hanôvre, une armée Russe-autrichienne de rendre la liberté à la Grèce, à l'exclusion du commerce anglais ? Que dis-je ? une armée de plus de 400,000 hommes composée de soldats sobres, disciplinés, accoutumés aux privations et à la fatigue, nés sous un climat où pendant deux mois de l'année il fait aussi chaud que dans l'Indostan même, une pareille armée connaît-elle rien qui l'arrète? Et si l'empereur Alexandre est venu de Kalouga à Paris, après avoir livré quinze batailles rangées et cinquante combats, maître de la navigation de la mer Caspienne, favorisé par le cours du Volga, qui réunit, pour ainsi dire, Pétersbourg et Astracan ; qui empêcherait ce puissant monarque de traverser avec un corps d'élite les plus fertiles provinces des Perses ses alliés, de parvenir jusqu'à Surate, de ruiner les établissemens anglais dans l'Inde, et d'avancer ainsi de quelques années l'émancipation de ce beau pays? L'ombre de Catherine et de Pierre-le-Grand souriraient sans doute à cette illustre entreprise, qui peut-être est écrite dans l'avenir, et dont les difficultés pour les Russes sont moins grandes qu'elles ne le furent jadis pour les Macédoniens. En vain la politique adroite de l'Angleterre chercherait-elle à susciter des ennemis à la Russie, le roi de Suède a un intérêt majeur à maintenir les traités ; la Pologne, privée de son armée, observée par les milices russes, instruite d'ailleurs par l'expérience, ne pourrait favoriser les vues de la Grande-Bretagne ; en vain chercherait-elle à armer les Pays-Bas contre nous, si ce gouvernement préférait son alliance à celle de la France et de la Russie, s'il osait prendre part à une guerre offensive et menacer nos provinces du Nord, dès ce moment il aurait perdu la Belgique. L'espoir de recouvrer cette belle province, l'intérêt qu'inspire sa position, le souvenir d'une fraternité récente, rendraient en France la guerre nationale, et l'Angleterre ne retirerait de cette tentative d'autre fruit que d'avoir doublé notre armée et nos succès.

Notre commerce maritime éprouverait sans doute des pertes que ne pourraient compenser les succès de nos corsaires ; mais un pays arrosé par tant de rivières navigables offre toujours à l'activité et à l'industrie de ses habitans des ressources immenses; et, en définitif, dans cette guerre d'une puissance contre l'Europe entière, ce serait certainement l'Angleterre qui y perdrait le plus. Il est passé le temps où l'or et les intrigues savaient dissoudre les coalitions et annuler les traités des Rois. Eclairée par une expérience de trente ans, éprouvée par cette union qui a amené la chute du colosse qui l'écrasait de son poids, la Sainte-Alliance a arrêté pour le repos du monde des principes que rien ne saurait altérer; disons-le en toute assurance, un gouvernement, quel qu'il soit, qui oserait s'armer contre elle, trouverait bientôt sa ruine dans l'imprévoyante politique qui l'aurait dirigé. Convaincue de cette vérité, persuadée d'ailleurs que le Roi de France ne peut être animé d'un vain désir de conquête qui serait contraire à ses principes et à ceux de ses alliés; l'Angleterre, quoi qu'on en puisse dire, maintiendra une paix qu'elle a achetée par vingt-cinq ans de sacrifices.

———

CHAPITRE V.

De Droit d'intervention.

Poussés dans leurs derniers retranchemens, et ne pouvant plus disputer sur les moyens, nos adversaires nous contestent le droit d'intervenir dans les affaires de nos voisins. On leur a prouvé que cette intervention était nécessaire ; il n'importe : moralistes rigides et scrupuleux, cette raison est loin de les satisfaire. On regarde, on examine ces vertueux défenseurs des principes, et l'on retrouve cachés sous cette soudaine modération, des hommes qu'on a vus dans d'autres temps dévoués à la république et à l'empire. Républicains, sous le vain prétexte de délivrer des peuples plus libres qu'eux, ils ont eu le droit d'aller révolutionner tour-à-tour la Hollande, les bords du Rhin, Rome, l'Italie, la Suisse même, leur alliée. Impériaux, ils ont eu le droit de changer tous les gouvernemens, de faire et défaire les Rois, de piller les trésors, d'enrégimenter tous les peuples, et ils contestent au Roi de France le droit précieux de rendre à la liberté et aux respects de ses su-

jets un jeune monarque son allié et son pa-
rent! Ils lui défendent de garantir le repos et
le bonheur d'un peuple intéressant par sa
constance et sa fidélité; ils qualifient d'injus-
tice la prudence qui cherche à préserver notre
beau pays des dangers qui le menacent! Est-
ce vertige, inconséquence, oubli total du
passé? ou plutôt entièrement préoccupés de
l'avenir, nos judicieux adversaires verraient-
ils quelque danger pour leur cause dans cet
échange que les Bourbons vont faire d'un peu
d'or contre une gloire sans fin? Verraient-ils
avec inquiétude les guerriers d'Austerlitz et
de Wagram retourner à la victoire sous le
drapeau de Fontenoi? Cette alliance contractée
au bruit du canon si puissant sur les cœurs
français, leur présagerait-elle une union plus
grande, plus précieuse encore et désormais
à l'épreuve des déclamations et des intrigues
révolutionnaires? Je me borne à soumettre ces
grandes questions à des esprits plus exercés
que le mien, et, sans chercher à soulever le
voile qui couvre encore une politique aussi
profonde que désintéressée, je poursuis, et
plein de la justice d'une cause à-la-fois royale
et populaire, je demande aux vrais Français,
aux hommes généreux de toutes les opinions,

je leur demande si au-dessus du droit impé-
rieux de la nécessité, il n'en existe pas un
plus grand, plus incontestable, le droit sacré
et éternel de l'humanité. Livrer l'Espagne à
elle-même, pour qui la connaît, pour qui l'a
étudiée, c'est l'abandonner aux passions qui
la déchirent. Le gant est jeté, le signal d'une
guerre d'extermination a retenti dans toute
la péninsule; vainqueurs près des Pyrénées,
les constitutionnels seront attaqués et vaincus
dans la Manche, dans la Galice, près de Madrid même; les partis partout en présence et
toujours plus exaspérés se grossiront des
malheureux que la misère fera soldats, et
lorsque des réactions continuelles, le pillage,
la persécution, le besoin auront anéanti dans
ce malheureux pays l'influence des sentimens
religieux, le désespoir en fera bientôt la proie
de tous les crimes, et nous, Français, nous
pourrions du haut des Pyrénées contempler,
sans nous émouvoir, ce spectacle de destruc-
tion, nous chercherions avec indifférence,
dans ces champs livrés à la mort, la place où
fut l'Espagne! Non, il n'en sera pas ainsi; heureux modèle de la civilisation européenne,
la France ne la laissera point périr chez sa
plus ancienne alliée. Ici, il n'est plus question

de raison d'état, ni de froide politique, c'est
la justice en deuil, c'est la religion éplorée,
l'humanité, l'honneur même qui pressent,
qui obligent. O vous qui, naguère à l'avant-
garde du conquérant, grossissez aujourd'hui
les rangs de l'opposition ; vous qui, après
avoir ruiné l'Espagne, l'avez égarée par vos
fallacieuses théories ; vous qui avez fait ab-
horrer le nom Français dans un pays où il
fut long-temps en honneur, c'est vous sur-
tout qui devriez vous féliciter d'une entreprise
qui va balancer dans le cœur des Espagnols,
le souvenir du mal que vous leur avez fait;
c'est vous qui devriez trouver à cette guerre
un côté vraiment noble, vraiment national ;
comme une mère soigneuse d'effacer les torts
de ses moins dignes enfans, la France apporte
à l'Espagne l'ordre et la paix en réparation
de vos longues injustices ; et le jour qui, sui-
vant l'expression du monarque, réconciliera
l'Espagne avec l'Europe, doit aussi réconci-
lier avec le peuple de Philippe V le peuple
régénéré d'Henri IV et de Louis XIV.

F I N.

Imprimerie de MIGNERET, rue du Dragon, n.º 20.